gato
cat

conejo

rabbit

perro

dog

pollito

chick

pato
duck

oveja

sheep

cabra

goat

cerdo

pig

burro

donkey

caballo

horse

vaca

cow

ratón

mouse

murciélago

bat

abeja

bee

araña

spider

zorro

fox

ciervo

deer

ardilla

squirrel

erizo

hedgehog

búho

owl

rana

frog

serpiente
snake

mapache

racoon

loro

parrot

tucán

toucan

caimán

alligator

tortuga marina

sea turtle

flamenco

flamingo

pingüino

penguin

cangrejo

crab

medusa

jellyfish

foca

seal

tiburón

shark

ballena

whale

orca

orca

estrella de mar
starfish

rinoceronte

rhinoceros

panda

panda

mono

monkey

león

lion

tigre

tiger

elefante

elephant